afgeschreven

ik kan

Bies...
Tekeningen van Jeska Verstegen

Zwijsen

don vraagt veel!

kijk, dit is don.
don weet graag veel.
'mam, hoe bouw je een huis?'
'pap, hoe maak je glas?'
het gaat maar door.
dag in, dag uit.
'mam, wat zit er in een tv?'
'pap, wat zit er in een pc?'
soms weet mam het.
soms weet pap het.
vaak ook niet.

don heeft een oom.
die heet ap.
oom ap weet heel veel.
en hij kan nog meer.
oom ap heeft een hok in zijn tuin.

daar is hij vaak.
is je bal lek?
geef hem maar aan oom ap.
doet de tv raar?
oom ap maakt hem weer heel.

don is bij oom ap in het hok.
het is daar heel vol.
hier staat een pc.
daar een bak vol spul.
daar ligt een zaag.
hier een boot die lek is.
'hoe maak je iets heel?' zegt don.
'hoe doe je dat?'
'nou,' legt oom ap uit.
'ik duw wat hier.
ik tik wat daar ...
en dan doet hij het weer.
hoop ik.

4

het gaat ook wel eens mis.
zie je die pc?
die doet het niet.
ik krijg hem niet heel!'
'o ja ...' zegt don.
'mag ik ook een keer?'
'nee, doe maar niet,' zegt oom ap.
'dat kun jij nog niet.'
boos gaat don het hok uit.
poeh, hij kan al heel veel!
oom ap zal dat nog wel zien.

don gaat naar huis.
het is niet ver.
in huis kijkt hij eens goed.
er staat daar een klok.
hij is van hout.
er zit een deur in.
'ha,' zegt don.

'die klok is al oud.
weet je wat?
ik maak hem weer heel.'

7

don maakt de klok

wat zit er een hoop in een klok!
en wat kan er ook een hoop uit.
don is er druk mee.
na een uur is de klok leeg.
don is er moe van.
maar hij moet door.
hij boent met een doek.
kijk, zo hoort het.
wat zal de klok het weer fijn doen!
en wat zal mam blij zijn.
mam komt het huis in.
ze ziet wat don doet.
'don!' roept ze.
'stop!
kijk nou wat een troep!'
'ik maak de klok,' zegt don.
'maar die is niet stuk!' zegt mam.

'hoe kan dat?' zegt don.
'die klok is al oud.
hij liep niet meer.'
'wél,' zegt mam.
'ik bel oom ap wel.'

oom ap komt.
hij ziet de klok en de troep.
'o,' zegt hij.
'ik zei het al, don.
dat kun jij nog niet.'
boos gaat don weg.
hij kan het wél.
hij gaat naar mam.
die praat met oom ap.
'hij is nog klein,' zegt oom ap.
'hij kan er niks aan doen.'
nu is don pas boos!
hij is níét klein!

'ik leer het nog wel!' zegt hij.
maar hij weet niet hoe.

don gaat het huis uit.
hij gaat naar de hut van oom ap.

don maakt de pc

don zit in de hut.
wat zal hij gaan doen?
hij pakt de zaag.
hij legt hem weer weg.
hij duwt tegen de boot.
die is lek.
dan ziet hij de pc.
dat is leuk!

hij kan een spel doen.
de pc is al oud.
dat zie je zo.
zit er wel een muis aan?
don kijkt goed.
ja! daar is de muis.
hoe moet de pc aan?
het snoer in de stroom.
en de muis in de pc.

hè, wat rot.
de pc zoemt wel.
maar doet niks.
dat is raar.
don duwt aan een snoer.
hij rukt aan de muis.
hij tikt tegen het glas.
hij zet de pc uit.
dan doet hij hem weer aan.
de pc piept als een muis.
en doet 'poef'.
de pc piept nog een keer.
en dan ...
hij doet het!
don muist wat.
is er een spel om te doen?
ja, er is één spel.
het is niet veel.
nou ja.

14

don doet het spel.
hij weet niet meer van de klok.
hij weet niet meer van mam of oom ap.
hij speelt fijn zijn spel.

don kan het wel!

'wat is dit nou?'
don kijkt op.
oom ap staat in de hut.
'wat doe jij nou?'
'ik doe een spel,' zegt don.
'dat kan niet!' zegt oom ap.
'die pc is stuk.
die doet het niet meer.'
'nu wel,' zegt don.
'komt dat door jou?'
'ja,' zegt don.
'hoe dan?'
'o,' legt don uit.
'je duwt wat hier.
je rukt wat daar.
dan doet hij het weer.'
'dit is te gek,' zegt oom ap.

17

'man, wat ben jij goed!'
don is heel blij.
hij wíst wel dat hij goed was.
en nu weet oom ap het ook!
'we gaan naar jouw huis,' zegt oom ap.
'de pc gaat mee!
die is voor jou.'
'zie je wel,' zegt don.
'ik zei het al.
ik kan het wel.'
'ja,' zegt oom ap.
'dat is waar.
ik zat mis.
jij kunt het wel!'

Zonnetjes bij kern 3 van Veilig leren lezen

1. ik kan het wel!
Bies van Ede en Jeska Verstegen

2. sam-sam
Erik van Os & Elle van Lieshout en Daniëlle Roothooft

3. boef in de schoen
Tjibbe Veldkamp en Marijke Klompmaker